Ce Petit Livre d'Or appartient à
....
....

Si tu veux écouter les histoires, flashe le QR code ci-dessous :

PAPIER À BASE DE FIBRES CERTIFIÉES

Deux Coqs d'Or s'engage pour l'environnement en réduisant l'empreinte carbone de ses livres. Celle de cet exemplaire est de :
500 g éq. CO_2
Rendez-vous sur www.deux-coqs-dor-durable.fr

58, rue Jean Bleuzen – 92178 Vanves Cedex

Dépôt légal : mai 2020 – Édition 02.
Loi n° 49-956 du 16 juillet 1949
sur les publications destinées à la jeunesse.
Achevé d'imprimer par Stige en Italie en août 2020

un petit livre d'or

5 HISTOIRES

à lire avec MAMAN

DEUX COQS D'OR

Sommaire

je t'aime tant

Texte de Caroline Pellissier
& Virginie Aladjidi
Illustrations de Thierry Manes

Si tu étais un petit chat,
Je te câlinerais,
Truffe contre truffe,
Patte sur l'oreille,

Et à te regarder, si mignon,
Je t'aimerais tant…

Si tu étais un petit zèbre,
Nous nous promènerions côte à côte,
Tu poserais tes petites pattes
Délicatement, l'une après l'autre,

Et à te regarder, si agile,
Je t'aimerais tant…

Si tu étais un petit oiseau,
Je t'apprendrais à chanter,
Je sifflerais,
Tu me répondrais,

Et à t'écouter, si doué,
Je t'aimerais tant…

Si tu étais un ouistiti,
Et que tu grimpais tout seul sur une branche,
Je te laisserais explorer,
En te surveillant de loin,

Et à te regarder, si curieux,
Je t'aimerais tant…

Si tu étais une petite gazelle,
Je dresserais l'oreille,
Je serais aux aguets,
Du lion, je te protégerais,

Et à te regarder, si frêle,
Je t'aimerais tant…

Si tu étais un petit lapin,
Tu ferais des bêtises,
Je le verrais
Et je te gronderais,

Et à te regarder, si désolé,
Je t'aimerais tant…

Si tu étais un petit chiot,
Tu serais parfois énervé,
Tu aboierais,
Tu montrerais les crocs,

Et à te regarder, si impatient,
Je t'aimerais tant…

Si tu étais un petit faon,
Tu regarderais autour de toi,
Et s'il y avait un papillon,
Derrière lui nous courrions,

Et à te regarder, si gai,
Je t'aimerais tant…

Mais tu es mon enfant,
Et ce soir je te raconte cette histoire
Pour te dire que mignon, agile ou doué,
Curieux, frêle ou désolé,
Impatient, gai ou attentif,

Je t'aime tant et tant,
À chaque instant.

NAYATI
le petit Indien

Texte de Blandine Aubin
Illustrations de Dankerleroux

Nayati vivait chez sa grand-mère,
dans une cabane au bord de la forêt.

Un matin, la vieille dame lui confia un secret :
« Nayati, sais-tu qu'il y a un arbre à toi dans les bois ?
Ton grand-père l'a planté le jour où tu es né.
Il a même gravé ton prénom sur le tronc. »

À cette nouvelle, Nayati se mit à rêver :
« Un arbre à moi, j'aimerais bien voir ça ! »

Aussitôt, il fila vers la forêt. Un peu hésitant, il avança sous les arbres et écarquilla les yeux. Autour de lui, tout était sombre et silencieux. Brusquement, Nayati vit un jeune renard surgir de sa tanière.

« Bonjour je m'appelle Nayati, dit le garçon.
Je cherche un petit arbre portant mon prénom.
Sais-tu où je peux le trouver ?
– C'est que… je ne sais pas lire ! Demande au vieux hibou,
il sait toujours tout ! »

Nayati poursuivit son chemin. Soudain, il aperçut le vieux hibou sur une branche :
« Vieux hibou, lui dit-il, toi qui sais tout, peux-tu m'aider à trouver mon arbre ? Il est tout petit et porte mon prénom. »

Le vieux hibou secoua la tête d'un air désolé :
« Hélas, j'ai cassé mes lunettes depuis belle lurette.
Va donc à la clairière et demande au grand cerf ! »

Nayati continua sa route et parvint à la clairière.
Sous le soleil, un arbre superbe semblait toucher le ciel.

Nayati regarda autour de lui et murmura :
« Je me demande où est le grand cerf… »
À cet instant, un grondement résonna à travers la forêt.
Le sol se mit à trembler…

Effrayé, Nayati se réfugia entre les branches de l'arbre et vit cinq bandits, armés jusqu'aux dents.
Leur chef, un géant à barbe noire, posa un sac de pièces d'or au pied de l'arbre.
« Installez tout ici ! ordonna-t-il. Et préparez un feu de bois pour faire cuire mon repas ! »

Derrière l'épais feuillage, Nayati retint un cri.
Encerclé par les bandits, le grand cerf se débattait avec fougue.

Sans perdre de temps, Nayati chercha un moyen de l'aider.
Il détacha la boucle de sa ceinture et l'accrocha à une ficelle, comme un hameçon.

« Je vais partir à la pêche, chuchota-t-il.
Aide-moi, grand arbre… »

À califourchon sur une branche, Nayati se pencha en avant. Après plusieurs essais, il parvint à agripper le sac de pièces d'or. Puis, sans un bruit, il le remonta jusqu'à lui.

Une seconde plus tard, le chef des bandits
poussa un rugissement :
« Ça alors ! Qui a pris mon or ? C'est vous, bande de filous ? »

Le regard étincelant, il attrapa l'un de ses compères et lui botta le derrière.
« Aïe ! Ça n'est pas moi, chef ! protesta le bandit. C'est lui !
– Comment ! s'exclama son voisin. Prends ça, tiens ! »
Et bing, et bang ! Les bandits entamèrent une terrible bagarre.
En un éclair, ils valsèrent les uns après les autres dans les airs.

Peu après, allongé par terre, leur chef gémit, en crachant une dent :
« Chi che n'est pas vous, alors, qui a volé mon or ? »

Caché dans l'arbre, Nayati prit une grosse voix :
« C'est moi, l'esprit de la forêt ! Je transforme l'or en poussière et les voleurs en vers de terre. Débarrassez-moi le plancher ! »

Morts de frousse, les bandits ne se le firent pas dire deux fois.
Leur chef en tête, ils prirent la poudre d'escampette
en poussant des cris d'effroi.
« Filons d'ici ! Cette forêt est hantée ! »

Dès qu'ils eurent disparu, Nayati sauta à terre
et courut délivrer le grand cerf.
« Merci, dit celui-ci, tu m'as sauvé la vie. Qui es-tu ?
– Je m'appelle Nayati, répondit le garçon.
Je cherche mon arbre, un petit arbre qui porte mon prénom. »
Le grand cerf montra à Nayati l'arbre
qui venait de lui servir d'abri :
« Eh bien, tu l'as trouvé. Mais il n'est pas petit…
Il est grand, aussi grand que ton courage ! »

Nayati s'approcha de l'arbre et découvrit son prénom,
gravé dans l'écorce.
Fou de joie, il serra le tronc dans ses bras.
Alors, tous les oiseaux de la forêt se posèrent sur son arbre
et se mirent à chanter.

La fête des couleurs

Texte de Caroline & Virginie
Illustrations de Peggy Nille

Quelle cacophonie chez les animaux !
Il paraît que quelqu'un va venir et choisira le plus beau.

La souris dit : « C'est moi la plus jolie…
Avez-vous déjà vu un pareil **gris** ?

– Non, je suis plus charmant que la souris, dit le canari. Regardez mon **jaune** éclatant, je vous parie que c'est moi qui serai choisi !

– Contemplez un peu le **rouge** de mes ailes, dit la coccinelle.
C'est moi la plus belle !

– Mais moi, je suis **rose**, dit le flamant rose, **rose** comme la rose. La couleur d'une fleur, n'est-ce pas la meilleure ?

– Mon poil **orange** est le plus original et le plus rare, clame le renard.

– Peut-être, mais le **bleu**, c'est mieux, affirme haut et fort la baleine bleue.

– Vous êtes des imbéciles,
dit le crocodile !
Rien n’égale le **vert** de ma peau,
c’est bien moi le plus beau !

– Oui, mais ton **vert** est bizarre, dit le lézard.
Mon **vert** est plus **vert**, c'est clair !

– Ne voyez-vous pas que c'est moi le gagnant, les interrompt le lièvre, admirez la pureté de mon pelage **blanc**.

– N’importe quoi, tranche le chat.
Arrêtez vos histoires, le plus beau, c’est le **noir** !

– Ne vous disputez pas, car c'est moi qui vous bats, dit le panda. Je porte les deux en même temps !

– Moi aussi, dit le zèbre.
Pas besoin de voter,
nous sommes à égalité.

– Je vous entends bien, dit l'ours brun.
Mais le **marron**, c'est tellement plus mignon, non ?

– Et **argenté**, n’est-ce pas distingué ?
ajoute le maquereau en sautant hors de l’eau.

– Tout cela est vrai, mais ouvrez grand les yeux, dit le caméléon.
Moi, je prends la couleur que je veux.

– Tu ne me fais pas peur,
c’est moi le vainqueur, dit le toucan.
Je suis **multicolore** !
Personne ne peut faire mieux ! »

Ah ! Voilà celui qui élira le plus beau des animaux
pour faire une photo.
Qui sera choisi ? Le lièvre, le panda, la souris ?
Le maquereau, le lézard ou le renard ?

Le photographe les regarde, admire l'arc-en-ciel de couleurs.
Et il annonce :
« Quel merveilleux ensemble !
Venez, mettez-vous bien à côté, ne bougez plus, souriez !
Vous avez tous gagné ! »

Bonne Nuit

Texte de Caroline Pellissier & Virginie Aladjidi
Illustrations de Solenne & Thomas

Ce soir, tous les parents sont réunis
pour le conseil au clair de lune.
Et tous les petits sont couchés.
Tous ? Sauf un qui a eu la permission de rester plus tard jouer de la guitare : Léonard, le petit loir.

« Nom d'une groseille, qu'est-ce que j'ai sommeil ! »
se dit-il en bâillant et en se frottant le museau.
Pas de doute, c'est l'heure de rentrer se coucher !

Léonard, la guitare sur le dos, n’a qu’une seule idée :
faire dodo !
Soudain sur le chemin, il entend une voix fluette :
« Léonard, Léonard ! » C’est Jasmine, la petite hermine.

« Léonard, je n'arrive pas à dormir…
Raconte-moi une histoire ! »
Léonard est fatigué, mais il s'assied à ses côtés :
« Il était une fois une jolie princesse appelée Jasmine… »
Quand il repart, Jasmine est endormie. Il se dit :
« Nom d'une groseille, qu'est-ce que j'ai sommeil ! »

Soudain, il entend un petit bruit : « Léonard, Léonard ! »
C'est Lili, la petite pie, qui l'appelle du haut de son nid.
« Mon doudou est tombé. Voudrais-tu bien le ramasser ? »

Le petit loir cherche dans le noir le doudou de Lili.
Le voici !
« Merci, merci ! dit Lili. Grâce à toi, je peux aller au lit ! »
Léonard repart :
« Nom d'une groseille, qu'est-ce que j'ai sommeil ! »

Léonard sent ses paupières se fermer.
« Vivement que je sois au lit », se dit-il.
Soudain, il entend un faible glapissement :
« Léonard, Léonard ! »
C'est Martin, le petit lapin :
« Léonard, s'il te plaît,
j'aimerais bien un verre de lait. »

Le petit loir prend son courage à deux mains,
et sert un verre au petit lapin :
« Dors bien, Martin ! »
Léonard reprend son chemin.
« Nom d'une groseille, qu'est-ce que j'ai sommeil ! »

Léonard est décidé à ne plus s'arrêter : il veut vraiment
se coucher ! Mais il entend dans les buissons
un appel de Léon, le petit hérisson :
« Léonard, je me suis relevé et me suis coincé la patte ! »
Le petit loir ne peut pas faire autrement :
il faut aider le garnement.

Avec tact, il lui dégage la patte :
« Va vite te coucher. »
Léonard quitte le hérisson,
maintenant il est tout près de sa maison.
« Nom d'une groseille, qu'est-ce que j'ai sommeil ! »

Mais notre petit loir n'est pas encore couché !
À peine est-il reparti qu'il entend un drôle
de couinement : c'est Mehdi, la petite souris.
« Léonard, sois gentil ! Je sais qu'il est tard,
mais s'il te plaît, joue-moi un air de guitare. »

Le petit loir fredonne :
« *Dodo, l'enfant do…* »
Et Mehdi… fait dodo.
« Nom d'une groseille,
qu'est-ce que j'ai sommeil ! »

Ça y est, Léonard est chez lui !
Il rejoint sa chambre, se met en pyjama,
et s'écrase sur son lit.
Cette fois-ci, rien ni personne
n'empêchera notre petit loir
de dormir.

Soudain, il entend une voix familière :
« Léonard, Léonard ! » C'est Fleur, sa petite sœur.
« Léonard, viens me faire un bisou ! »
Le petit loir se lève en bâillant et lui fait un bisou tout doux :

« Bonne nuit », lui dit-il et, enfin,
il se glisse dans son lit.
La journée est bien finie,
cette fois-ci.

Sa porte s'ouvre : sa maman
est déjà de retour elle aussi !
« Mon chéri, tu es dans ton lit ?
Veux-tu une histoire ?
Ton doudou ? Un verre de lait ?
Une chanson ? Un bisou ? »

Mais du lit du petit loir, personne ne répond.
Sa maman s'approche doucement :
le petit loir dort profondément !

Et si ce soir la lune brille, les étoiles scintillent, les feuilles bruissent légèrement sous le ciel noir, c'est en l'honneur de la gentillesse de Léonard.

Et à toi, mon petit loir gentil, je dis :
« Bonne nuit ! »

UN MATCH FOU FOU FOOT !

Texte de Pascal Brissy
Illustrations de Sophie Verhille

Aujourd'hui, dans la jungle, un drôle de match se prépare à l'abri des regards indiscrets… Vive le fou, fou, foot ! Les singes ont lancé un défi aux animaux de la savane.

Le gagnant deviendra le propriétaire du grand baobab pour la journée.
« Grr ! Pas question de perdre ! grogne le lion, c'est mon arbre préféré pour faire la sieste ! »
L'éléphant fait l'arbitre.
Coup de sifflet : Triiii ! C'est parti !

Les footballeuses et footballeurs s'élancent.
Les animaux courent après le ballon. C'est une noix de coco !
Zélie, l'autruche, fait une passe à Irène, la hyène.

Mais, zou ! Les singes sont rapides !
« Zut de flûte ! Où est passé le ballon ? »
Trop tard, il est déjà reparti !

Attention, les macaques
passent à l'attaque !
Un joueur saute
sur la tête du croco.

Un autre slalome
entre les pattes de la girafe…
Et Pan ! C'est un tir cadré !

Ouf! La noix de coco rebondit de justesse
sur la carapace du tatou.
Le pauvre gardien voit trente-six étoiles.

L’équipe de la savane n’a pas le temps de se reposer.
C’est Adémar, le guépard, qui repart avec la balle !
Soudain un babouin lui fait un croche-patte, mine de rien.

Mais l'arbitre était assailli par trois ouistitis.
Il n'a rien vu ! Rien entendu ! On ne peut rien dire !
« Bande de tricheurs ! » rouspète Adémar.

La partie reprend, et c'est un nouveau Pan ! ?
Non, c'est un Crac !
La noix de coco a atterri droit sur la corne du rhino !
« Ah ! C'est malin Aldo ! » s'exclament en chœur
tous les animaux.

Quelqu'un propose de remplacer la noix de coco
cassée par une tortue :
« Non mais, ça va pas la tête ! » s'écrie Henriette.
Heureusement, les singes ont d'autres ballons en réserve.

À l'heure de la mi-temps,
les équipes de chaque camp se rassemblent.
Les joueurs complotent. Ils cherchent un plan :
« Moi, je vais finir par tous les croquer ! »
marmonne le lion contrarié.

Coup de sifflet : Triiii ! C'est reparti !
Cette fois, prenez garde, les gorilles sont prêts à jouer aux quilles : Bim ! Paf ! Vlan !

Le nouveau ballon file droit devant :
« Minute papillon ! » intervient le lion toutes griffes dehors, on ne passe pas !

Lorsqu'un chimpanzé lui fait remarquer :
« Oh la la ! Majesté ! Votre crinière est toute décoiffée !
– Hein !? Quoi ? » sursaute le roi des animaux.
Oups ! La ruse a fonctionné, et le ballon lui passe sous le nez !

Seulement, Adémar n'a pas dit son dernier mot.
« Vous l'aurez voulu bande d'hurluberlus ! »
marmonne le guépard entre ses dents.
Alors, quand le chimpanzé approche,
il déclare en faisant mine de s'écarter :
« Saperlibanane ! Il a attrapé des puces ! »

À ces mots, tous les singes accourent aussitôt :
« Des puces ? Des bananes ? Miam ! Où ça ? »
Et, zou ! Adémar détale comme un courant d'air !

Le footballeur tacheté aperçoit le gardien adverse, et c'est son tour… Pan ! La noix de coco rebondit à trois reprises sous les regards étonnés. La première, elle tombe dans l'herbe : Bim !

Ensuite, elle cogne le derrière de l'arbitre : Bam !
Pour terminer contre le poteau, et…
Boum ! C'est un but magique !

Victoire pour l'équipe de la savane !
C'est l'heure de faire la fête.
« Oui, mais, et pour demain ? » interrogent tout à coup les babouins en leur serrant la patte.
Demain… Rendez-vous même heure pour un match de basket !

Il y a certainement des Petits Livres d'Or que tu n'as

pas lus, choisis le tien parmi les titres ci-dessous...

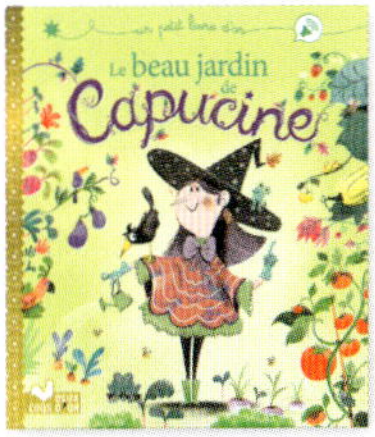

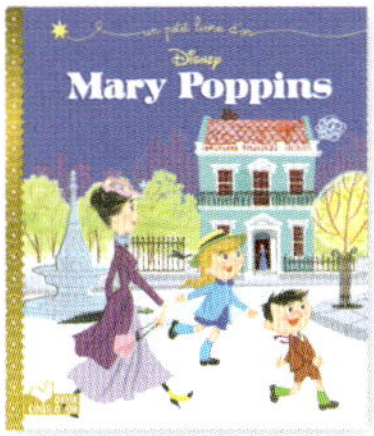

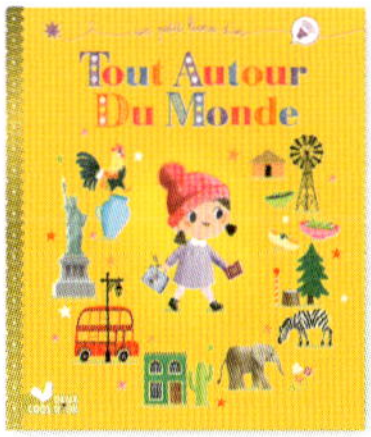

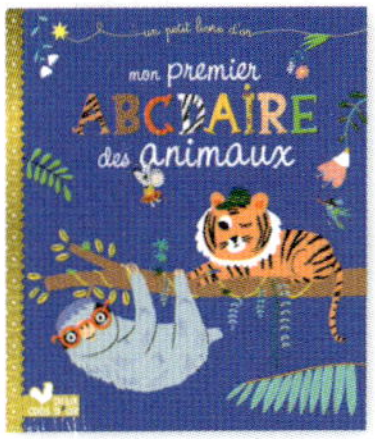

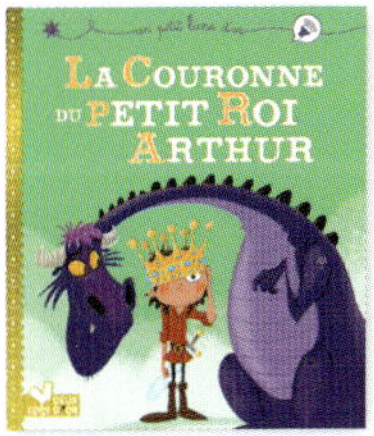

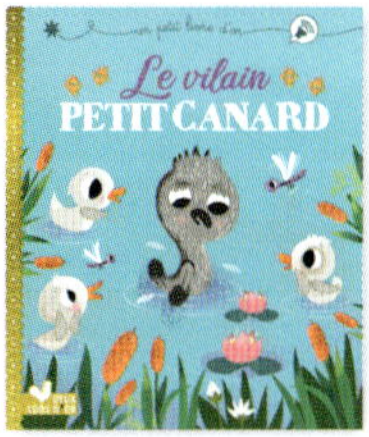